bibliothèque p

où sont-ils ?

Avec la collaboration éditoriale d'Evelyne Mathiaud

ILLUSTRATIONS D'ANNIE BEAU

nathan

Cet album va t'apprendre
à situer et à reconnaître,
tout seul,
les positions des objets,
des animaux
et des personnages :
à droite, à gauche,
en haut, en bas,
devant, derrière, sur, sous...

L'abeille se pose
sur une fleur.

Le gâteau est
sur la table.

Le pompier grimpe
en haut de l'échelle.

L'escargot a rampé
en haut de la tige.

Le chat court
devant la voiture.

L'écolière attend
devant la porte.

Le chien est couché
sous la table.

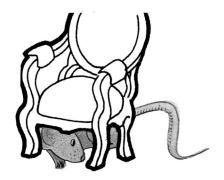

La souris se cache
sous le fauteuil.

La skieuse arrive
en bas de la montagne.

Le marin se tient
en bas du mât.

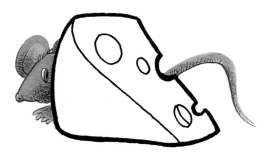

La souris guette
derrière le fromage.

La petite fille joue à
cache-cache **derrière** la maison.

Le chien est
à **droite** de son os.

L'oiseau s'est posé
à **droite** de sa cage.

Le cheval trotte dans le pré,
à **gauche** de l'écurie.

Le chat remue la patte,
à **gauche** du fauteuil.

Youpi bouge beaucoup, où est-il ?

1. Youpi est **sur** la niche.

2. Youpi est **à gauche** de la niche.

3. Youpi est **sous** la niche.

4. Youpi est **derrière** la niche.